Bürger Autor

Der kleine „Versicherungsratgeber"
für interessierte Laien

1. Auflage
Copyright © 2016 by Bürger Autor, Völklingen

Herstellung und Verlag:
BoD - Books on Demand, Norderstedt

ISBN: 978-3-7412-7160-1

MIX
Papier aus verantwortungsvollen Quellen
Paper from responsible sources
FSC® C105338

Inhalt:

Vorwort   5

1. Welche Versicherungen brauche ich?   9

2. Der „Versicherungsvertreter"   15

3. Die Autoversicherung   25

4. Die Sachversicherungen
    Private Haftpflichtversicherung   29
    Hausratversicherung   31
    Glasversicherung   33
    Unfallversicherung   35
    Wohngebäudeversicherung   37
5. Allgemeine Hinweise   39

6. Die Lebens-/ Rentenversicherungen
    Berufsunfähigkeitsversicherung   41
    Lebensversicherung ←→ Rentenvers.   43
    Fond oder festverzinslich   45
7. Schlusswort   48

Vorwort

Liebe Leser dieses kleinen Büchleins. Wie der Titel bereits verrät, handelt es sich hierbei um einen kleinen „Versicherungsratgeber" für Laien. Hiermit möchte ich gerne all diejenigen ansprechen, die sich zwar nicht für Versicherungen interessieren, aber dennoch den einen oder anderen Hinweis erhalten möchten, was es vielleicht zu beachten gibt. Was könnte in den einzelnen Versicherungsbereichen wichtig sein. **Ich möchte direkt darauf hinweisen, dass ich hier meine persönlichen Ansichten und Erfahrungen zum Besten gebe.** Wer bin ich?

Ich habe von 2009 bis 2016 bei einem der drei großen Versicherungsunternehmen in Deutschland, als selbstständiger Versicherungsvertreter, gearbeitet und meinen Vertrag aus eigenem Antrieb gekündigt. Ich habe als Quereinsteiger die 15-monatige „Ausbildung" zum Versicherungsfachmann mit Erfolg abgeschlossen.

Bei vielen Kunden ist mir aufgefallen, dass sie sich außerhalb ihrer Vertreterbesuche höchstens bei den einschlägigen Sendungen und Magazinen im - zumeist öffentlich-rechtlichen - TV mit Versicherungen beschäftigt haben.

Meiner Meinung nach **ein fataler Fehler!** Denn letztlich sind es nur Sie, die Sie die Konsequenzen aus Ihrem Einkauf von Versicherungsprodukten zu tragen haben. Die andere Seite, also der Vertreter und das dahinterstehende Unternehmen wollen erst einmal nur das eine: **Ihr Bestes!**

Und das ist auch vollkommen in Ordnung. Eine gute Beratung und ein passendes Produkt gegen gutes Geld.

Wichtig ist an der Stelle nur, dass man sich als Kunde bewusst wird, dass der Versicherungsvertreter nicht im Wortsinn ihr Freund ist. Er steht auf der „anderen Seite". Auch dann, wenn Sie ihn gut kennen! Aus diesem Grund habe ich nie jemanden auf Versicherungen angesprochen den ich „duze". Auch bin ich nie ein Freund davon gewesen, dass neue Kollegen den Auftrag bekommen haben, Freunde und Familie zu versichern. In den sieben Jahren meiner Tätigkeit haben 48 hauptberufliche Kollegen nach mir ihren Dienst in unserem Büro angetreten und ihren Job wieder vor mir beendet!

Überhaupt bin ich aber der Ansicht, dass man seinen Beruf und alles was mit Freizeit zu tun hat, trennen sollte. Es hat eh niemand so viele Freunde und Familienmitglieder, dass er davon Leben kann. Wenn ein Bekannter oder ein Familienmitglied bei einer Versicherung anfängt, warten Sie ein bis zwei Jahre mit dem Abschluss einer oder mehrerer Versicherungen bei ihm. Wer weiß, ob er nach 12 Monaten noch bei dieser

Gesellschaft arbeitet, oder schon bei einem anderen Unternehmen tätig ist. Dann haben Sie aber immer noch den Vertrag bei einer Gesellschaft, den Sie wahrscheinlich nur ihm zuliebe abgeschlossen haben.

Weiterhin kritisierte ich eben die Magazine etc., die man im TV sehen kann. Warum?

Ist Ihnen schon mal aufgefallen, dass hier - in den meisten Fällen - nur eine bestimmte Richtung bedient wird? Hier klappt etwas nicht, dort werden vermeintlich versprochene Leistungen nicht erbracht und hier wird ein Schaden nicht reguliert.

Haben Sie aber schon mal einen Bericht über all die regulierten Schäden gesehen? Haben Sie schon mal etwas über die Menschen gelesen, die vielleicht sogar etwas mehr Geld ausgezahlt bekommen, als vereinbart wurde? Wahrscheinlich nicht! Denn das wollen nur die wenigsten sehen (senden).

Solange solche Sendungen / Berichte nicht ausgewogen dargestellt werden, sind sie meiner Meinung nach keinen Pfifferling wert.

Zumeist werden hier Einzelfälle dargestellt, die wirklich nur auf diesen einen Fall zutreffen. Es wird so getan, als könnte man solche Ereignisse verallgemeinern. Dem ist aber nicht so. Eine Absicherung kann für Sie gut sein und für Ihren Nachbarn völlig falsch, oder umgekehrt. Einzelfallbetrachtungen sind und bleiben genau dies. Eine **individuelle Beratung** ist im Bereich der Altersvorsorge **unumgänglich**!

Damit ist das auch mal gesagt. Kommen wir nun zum Wesentlichen:

1. Welche Versicherungen „brauche" ich?

Auch wenn dies jeder Mensch für sich selbst entscheiden muss, gibt es bestimmte Absicherungen, die man besitzen sollte. Meine Reihenfolge sieht wie folgt aus:

- Private Haftpflichtversicherung (PHV)
- Unfallversicherung (UV)
- (Unfallversicherung für Kinder)
- Berufsunfähigkeitsversicherung (BU)
- Rechtsschutzversicherung (RSV)
- Rentenversicherung (RV)
- (Risikolebensversicherung) (RLV)
- (Wohngebäudeversicherung) (WGV)

Die **Haftpflichtversicherung** halte ich deshalb für wichtig, da es einem jeden passieren kann, dass man selbst, oder ein Familienmitglied, einem Dritten einen Schaden zufügen kann.

Außerdem wehrt die Haftpflichtversicherung auch unberechtigte Forderungen von Klägern ab, wenn Sie nicht zur Haftung verpflichtet sind.

Sollten Sie oder ein Familienmitglied jemandem einen Haftpflichtpflichtschaden verursachen, aber keine Absicherung besitzen, haften Sie mit ihrem heutigen **und zukünftigen Geld!**

Eine **Unfallversicherung** ist wichtig, da es jedem passieren kann, dass man einen Unfall hat.

Ein Unfall ist ein von außen, plötzlich und unfreiwillig auf den Körper wirkendes Ereignis, dass eine Gesundheitsschädigung zur Folge hat (einfach formuliert). Die genaue Definition Ihres Versicherers können Sie in Ihren Versicherungsbedingungen nachlesen.

Jeden Tag passieren Unfälle. Immer wieder hören wir davon im Radio, im Verkehrsfunk oder sonst wo. Meist trifft es einen nicht, aber wenn!? Was dann?

Stellen Sie sich eine einfache Frage: Was ist, wenn ich nach einem Unfall, ab morgen, nicht mehr arbeiten gehen kann? Wer und wie zahle ich mein Leben?

Ebenso wichtig ist eine **Unfallabsicherung für Kinder**. Man weiß nie, auf welche Ideen die kommen. Außerdem haben die ihr Leben noch vor sich und was ist, wenn sie aufgrund einer „Jugendsünde" nicht arbeiten gehen können!? Wer kümmert sich und wer zahlt dann für Ihre Kinder?

Beachten Sie aber bitte, dass eine Unfallversicherung etwas kosten „muss", damit Sie Ihnen was nutzt, wenn Sie sie brauchen sollten. Unfallversicherungen, die pro Person (ü18) unter 20 Euro im Monat und unter 10 Euro für Menschen u18 kosten, sollte man gar nicht erst abschließen (es sei denn, dass man nicht über ausreichende finanzielle Mittel verfügt). Letztlich ist jede Unfallversicherung besser, als keine Absicherung.

Die dritte Versicherung ist eine **Berufsunfähigkeitsversicherung**, die man so früh wie möglich abschließen sollte (in jedem Fall noch während der Schulzeit bei Jugendlichen).

Hierbei stellt man ebenfalls eine einfache Frage: Womit bezahlen Sie ihre Alltagskosten, wenn Sie aufgrund einer Berufsunfähigkeit nicht mehr arbeiten gehen können?

Viele Menschen werden von Ihren Beratern erst einmal zu einer Rentenversicherung geführt, da diese einfacher und zumeist ohne Gesundheitsfragen abzuschließen ist. Aber:

Wie zahlen Sie die Rentenversicherung, wenn sie nicht mehr arbeiten gehen können!?

Dann ist es eher so, dass Sie ihre Rentenversicherung kündigen und sich auszahlen lassen müssen. Und was haben Sie dann im Alter?

WICHTIG!: Es gibt, soweit mir bekannt ist, bei fast allen Versicherungsunternehmen Gesundheitsfragen zum Abschluss einer Berufsunfähigkeitsversicherung. Beantworten Sie diese komplett und so genau wie möglich. Vergessen Sie nichts! Nur so kann sich die Versicherung im „Schadensfall" nicht wegen einer *Obliegenheitsverletzung* vor der vereinbarten Rentenzahlung „drücken". Beantworten Sie die Fragen unvollständig oder unwahr hat die Versicherung zurecht das Recht, eine Rentenzahlung im Extremfall komplett zu verweigern!

Am Besten ist es, wenn Sie sich die Fragen selbst durchlesen und beantworten und dies nicht Ihren Vertreter machen lassen.

Einfache Regel: Alle Krankheiten und „Wehwehchen", die sie bis zur Zahlung der ersten Prämie haben, hatten oder bis dahin noch bekommen, haben einen Ausschluss dieses „Wehwehchens" zur Folge oder führen zu einer Erhöhung der Prämie.

Aber auch hier gilt, dass Sie die genauen Regeln Ihres Versicherers von Ihrem Versicherer direkt erhalten (sollte Ihr Vertreter hier etwas „herumdrucksen" [es gibt **keine unwichtigen Gesundheitsfragen** oder Gebrechen, die man nicht angeben muss!] rufen Sie einfach selbst Ihre Versicherung an und schildern Sie ihr Anliegen möglichst genau. Dann werden Sie aus der entsprechenden Fachabteilung die erforderlichen Auskünfte erhalten, die für Sie maßgeblich sind).

Denn hier gilt, dass Sie die wahrheitsgemäße Beantwortung Ihrer Gesundheitsfragen extra unterzeichnen müssen, sodass Sie alleine und nicht der Vertreter die Konsequenzen einer vielleicht falschen oder unzureichenden Beantwortung dieser Fragen zu tragen haben.

Jetzt kommen wir zur **Rechtsschutzversicherung**. Die halte ich an vierter Stelle für wichtig, da man sich hier nicht nur für eigene Ansprüche absichern kann, sondern auch gegen die Klagewut der Mitbürger.

Ohne Rechtsschutzversicherung zahlen Sie alle Kosten eines Rechtsstreites selbst. Hat ihr Gegner eine solche Versicherung, hat er in jedem Fall den längeren Atem.

An die fünfte Stelle setze ich die **Rentenversicherung**. Wir alle wissen, dass wir etwas fürs Alter tun müssen. Hierfür eignet sich eine Rentenversicherung, im Bereich der Versicherungen, am besten.

Es gilt: Je früher man anfängt Geld zur Seite zu legen, umso mehr erhält man im Alter zurück. Legen so viel Geld wie möglich zur Seite, ohne dass es Ihnen jeden Monat weh tut. Sie werden es sich in der Zukunft Danken.

Haben Sie diese sechs Versicherungen gemäß ihres Bedarfs abgeschlossen, haben Sie meiner Ansicht nach die wichtigsten Bereiche Ihres Lebens abgesichert.

Das i-Tüpfelchen der Absicherung wäre nun noch eine **Risikolebensversicherung**. Vor allem dann, wenn Sie Kinder haben, die noch nicht auf eigenen Füßen stehen. Sollten beide Eltern versterben, werden sich in der Regel die Paten um die Waisen kümmern. Hierfür wird

Geld benötigt, welches man am Günstigsten mit einer Risikolebensversicherung abdecken kann. Die Laufzeit dieses Vertrages kann man hier so gestalten, dass er endet, wenn das jüngste Kind seine erste Berufsausbildung beendet haben könnte.

Sollten Sie aber keine Kinder haben, oder keine Kinder mehr im genannten Alter, so ist der Abschluss einer solchen Versicherung trotzdem zu bedenken. Die meisten Paare haben gemeinsame Verpflichtungen, die man im Falle des Todes dann abgesichert hat.

Eine Risikolebensversicherung kann in den meisten Fällen mit Monatsfrist gekündigt werden, wenn sie nicht mehr benötigt oder gewollt ist.

Zuletzt noch zur Wohngebäudeversicherung. Diese sollten Sie in jedem Fall abschließen, wenn sie ein eigenes Haus besitzen. In den meisten Fällen ist das Haus, in dem man lebt, der wertvollste, materielle Besitz, über den man verfügt. Hier gilt ebenso wie bei der Unfallverssicherung: Die darf ruhig etwas kosten!

Beachten Sie hier, dass es von Vorteil wäre, wenn nur ein Versicherungsnehmer in der Police angegeben ist. Weshalb erkläre ich an anderer Stelle.

2. Der Versicherungsvertreter

Der Versicherungsvertreter ist das Bindeglied zwischen Ihnen und der Versicherungsgesellschaft.

In der Regel ist der Vertreter immer freundlich, immer gut gelaunt und meistens Ihrer Meinung. Mir sagte mal ein Kunde, dass er darüber erstaunt ist, dass er noch nie einen unfreundlichen Vertreter im Haus hatte. Das ist aber auch völlig normal. Denn der Vertreter will ja in erster Linie _Ihr Bestes._ Wenn er Sie nicht davon überzeugen kann, dass Sie ihm dies anvertrauen, verdient er kein Geld und kann selbst nicht existieren.

Insofern gilt folgender Grundsatz: Der Versicherungsvertreter ist nicht Ihr Freund und er steht auch nicht auf Ihrer Seite!

Viele Menschen machen meiner Meinung nach den Fehler, dies aber genau so zu sehen. Sie Vertrauen ihrem Vertreter, hinterfragen ihn nicht und lassen ihn machen, denn er wird sich schon kümmern, denn er weiß ja, was er tut.

Aber weiß er das wirklich? Woher wissen Sie, dass er weiß, was er tut? Weil er so nett und freundlich ist!?

Viele Kunden sind glücklich, wenn sie einen Vertreter haben, den sie gut leiden können, und der freundlich zu ihnen ist, weil sie sich nicht selbst mit der Materie auseinandersetzen wollen oder können. Sie sind froh, dass sich jemand kümmert.

Wesentlich unbeliebter sind da die Kollegen, die mit Ihnen über Inhalte reden wollen. Diese Menschen, die Ihnen Ihre Versicherungen erklären wollen und darlegen, warum dies oder jenes besser für Sie geeignet ist, als etwas anderes. In einem Wort: Berater.

Im Extremfall stellt er Ihnen nach einer 2-stündigen Beratung auch noch die Frage: Und was gefällt Ihnen davon jetzt am besten? Was wollen Sie?

»Oje – dafür ist er doch da«, denken dann viele Kunden. »Was will der denn jetzt von mir? Jetzt soll ich das entscheiden!?«

Die Folge ist meistens, dass die Kunden sich die Angebote ausdrucken lassen und dann zu einem anderen Versicherungsmenschen gehen, der Ihnen die Entscheidung abnimmt (ohne Beratung) und sagt: DAS ist gut! DAS machen wir.

»Gott sei Dank! Der iss kompetent. Der weiß, was ich will – ohne mich stundenlang vollzulabern! DER ist gut!«

Kennen Sie das?

Ich frage mich dann immer: Wenn diese Menschen in der Lage sind, so großartig hellzusehen, wieso haben die nicht schon lange Mal Lotto gespielt!?

Aber ernsthaft: Eine gute Beratung durch einen kompetenten Berater benötigt einfach ihre Zeit. Sie sollte im Idealfall so aussehen, dass ihr

Berater sich Ihnen beim ersten Termin ordentlich vorstellt. Dann tun Sie es ihm gleich und es entwickelt sich ein Gespräch, indem der Berater Ihnen zielgerichtete Fragen stellt. Es ist vollkommen klar und legitim, dass er sich für alles interessiert, was Sie zu erzählen haben. Einerseits erfährt er so viele Dinge, die er für seine Angebote benötigt und andererseits entsteht eine harmonische Atmosphäre, die eine gute Basis für eine Beratung bietet. Während dieses ersten Gespräches sollte es so sein, dass der Versicherungsberater sich Notizen macht und mit Ihnen bespricht, welche Angebote er für Sie ausarbeitet und beim zweiten Termin präsentiert.

Beim Zweittermin hat er nun alles ausgearbeitet und präsentiert Ihnen seine „Musterlösung", welche individuell für Sie passen könnte. Nun liegt es an Ihnen, wofür Sie sich entscheiden. Nicht der Berater entscheidet! In der Regel wird es so sein, dass seine Lösung etwas über Ihrem Budget liegt,

da die meisten Versicherungen ihre Berater nach der Höhe der Versicherungsprämie bezahlen.

Haben Sie also kein schlechtes Gewissen, wenn Ihr Berater den Rotstift zieht, wenn Sie etwas weniger zahlen wollen, als er es Ihnen vorschlägt.

Auch der Satz:»Dann entscheiden Sie jetzt bitte, worauf Sie verzichten wollen«, sollte Sie nicht weiter aus der Bahn werfen.

Diese und ähnliche „Sprechs" sind das kleine Einmaleins des Versicherungsberaters.

Nur ein Tipp: Leistung kostet Geld und niemand schenkt Ihnen etwas. Sie sollten nicht jeden Monat Tränen in die Augen bekommen, wenn die Abbuchungen ihrer Versicherung auf dem Kontoauszug sichtbar werden, aber gute Leistungen und gute Produkte kosten gutes Geld.

Werden die hellhörig, wenn Ihr Vertreter solche Sätze sagt, wie: *»Ich habe hier etwas speziell nur für Sie.« »Nur dieser Tage kann ich Ihnen Folgendes anbieten ...« »Und, weil Sie es sind, kann ich Ihnen diesen oder jenen Preis machen.«*

Das klingt toll und in dem Moment will man das auch glauben. Das weiß aber auch der multinationale Großkonzern, für den Ihr Vertreter arbeitet. Meiner Erfahrung nach gibt es so etwas nur sehr, sehr selten!! Keine Versicherung wird wahrscheinlich ein Angebot, einen Preis oder eine Leistung speziell für <u>Sie</u> erstellen!

Aber zurück zum Berater. Stellen Sie ihrem Versicherungsvertreter doch einfach einmal ein paar Fragen, während Sie beraten werden. Lesen Sie einfach ein paar Dinge im Internet nach (achten Sie hierbei aber unbedingt auf das Datum, denn die Branche wandelt sich andauernd und ein Eintrag von 2013 kann 2016 schon nicht mehr gültig sein). Schreiben Sie sich die Frage auf und notieren Sie die richtige Antwort auf der Rückseite. Vergleichen Sie dann seine Antwort mit der Ihren und sollte es hier eine Abweichung geben, reden Sie darüber. So können Sie relativ einfach einen Eindruck davon bekommen, was Ihre „*Vertrauensperson*" wirklich weiß, und wie er mit einem vielleicht vorhandenen Unwissen umgeht.

Den letztlich tragen **Sie alleine** die Verantwortung für sich, ihre Familie und ihre Abschlüsse.

Hier geht`s ausschließlich ums Geld.

Ich habe nie einen Kunden geduzt, ihm zum Geburtstag gratuliert oder mich auf privater Ebene mit einem Kunden eingelassen. Die Verlockung dieses Vertrauen auszunutzen liegt in der Natur der Sache! **Passen Sie auf!**

Ein weiterer Fehler, den meiner Meinung nach viele Kunden machen, ist, dass Sie sich an ihren Vertreter binden und nicht an die Versicherung. Wechselt ihr Vertreter seinen Arbeitgeber, dann wechseln die Kunden mit ihm, zum neuen Unternehmen, da er Sie ja immer gut beraten hat und Sie ihm vertrauen.

Machen Sie sich aber eines bewusst: Der Vertreter hat **keinen Einfluss** auf die Produkte einer Versicherungsgesellschaft.

Wenn er Sie gut beraten hat, dann haben Sie sich für das gute Produkt der Versicherung entschieden und nicht für den netten Kundenbetreuer.

Sollte Ihr Berater nun seinen Arbeitgeber wechseln, erkundigen Sie sich genau nach dem Grund für diese Entscheidung.

Häufig liegt er darin begründet, dass der Berater all seine Kunden beraten und mit Versicherungen versorgt hat. Dies bedeutet, dass er nur noch wenige Provisionen verdienen kann.

Also wechselt er den Arbeitgeber und „deckt" die Verträge von seinem alten Arbeitgeber zur neuen Gesellschaft um, da Sie sich ja an Ihren Berater und nicht an ihre Versicherungsverträge gebunden haben.

An der Stelle ein weiteres Mal: Sie haben sich einst für **die Produkte des Unternehmens** entschieden, weil Ihnen **diese** zugesagt haben! Dies hat mit dem Vertreter *nichts* zu tun!

Machen Sie nicht den Fehler, aus persönlicher Verbundenheit zu Ihrem Berater die Versicherung zu wechseln!

Sie können sich gerne ein Angebot vorlegen lassen und mit den vorhandenen Verträgen vergleichen.

Beachten Sie aber auch hier, dass Sie Äpfel mit Birnen vergleichen. Ein Vertrag aus 2013 hat andere Konditionen, als ein Vertrag von heute. Dies gilt ebenso für Ihre jetzige Versicherung. Wenn Sie sich ein Angebot der neuen Gesellschaft ihres Beraters einholen, vergleichen Sie dieses mit den **aktuellen Konditionen** ihrer jetzigen Versicherung. Nur so halten sie zwei Äpfel in Händen und können entscheiden.

Sollte Ihr Berater hierauf „komisch" reagieren, sollten Sie vorsichtig sein.

Wie gesagt: Er ist nicht ihr Freund.

In dieser Konstellation will er einfach nur **wieder *Ihr Bestes!***

Wieso sollten die Produkte, die Sie zuletzt abgeschlossen haben, denn plötzlich schlecht(er) sein, nur weil Ihr Vermittler bei einer anderen Gesellschaft arbeitet? **Dem ist nicht so!**

Und wenn Sie wirklich befreundet sind, wird sich an dieser Freundschaft auch nichts ändern, wenn Sie bei Ihrer alten Gesellschaft versichert bleiben. Sollte dem nicht so sein, wissen Sie ja, wie viel diese Freundschaft wert ist ;-).

Insbesondere sollten Sie wachsam sein, wenn er Ihnen neue Renten- oder Lebensversicherungen anbietet! Hier schneiden Sie meiner Meinung nach fast immer schlechter ab, wenn Sie hier etwas Neues abschließen oder etwas „umschreiben". Wenn Sie einen Antrag unterschreiben müssen, oder plötzlich eine neue Vertragsnummer erhalten, rufen Sie umgehend bei der Gesellschaft an und lassen sich erklären, was hier geschehen ist. Eine neue Nummer bedeutet in fast allen Fällen, dass ein neuer Vertrag (zu aktuellen Konditionen, eventuell niedrigere Garantiezinsen) vorliegt.

Generell gilt, wenn Ihnen etwas komisch vorkommt, oder etwas plötzlich nicht mehr gut ist und es etwas *„Besseres"* gibt, rufen Sie nicht Ihren Berater an, sondern sprechen Sie direkt mit der Versicherung. Da Sie in den meisten Fällen keine persönliche Beziehung zu dem Innendienstmitarbeiter in der Zentrale haben, werden Sie hier definitiv eine neutralere und „bessere" Erklärung des Sachverhaltes bekommen. Denn der Geldbeutel des Innendienstmitarbeiters, in der Zentrale, hängt nur indirekt an Ihrer Unterschrift.

Als letzten Tipp in diesem Abschnitt möchte ich Ihnen dazu raten, dass Sie möglichst viele Versicherungen bei einer Gesellschaft abschließen sollten (solange es für Ihren Bedarf möglich ist).

Haben Sie mehrere Versicherungen im Haus, haben Sie im Idealfall auch mehrere Berater, die alle die Interessen Ihres Arbeitgebers vertreten müssen und ebenso verschiedene Ansichten, Meinungen etc. haben werden. Sie müssen sich vielleicht mit drei oder vier Ansichten auseinandersetzen, sodass Sie für sich, eventuell, zu keiner festen Linie finden können.

An der Stelle möchte ich noch einmal betonen, dass sich dieses Büchlein an Leser richtet, die sich für Laien im Bereich der Versicherungen halten.

Prüfen Sie **die Kompetenz Ihres Berater durch zielgerichtete Fragen**, lassen Sie sich **eine Bedarfsanalyse erstellen** und schließen Sie dann **Ihr Versicherungspaket** ab.

Wenn Sie sich hierfür einmal in Ihrem Leben 2x 2 Stunden Zeit nehmen, müssen Sie sich danach nur noch dann mit Versicherungen auseinandersetzen (im Lebensversicherungsbereich), wenn sich in Ihrem Leben etwas verändert. Unterm Strich ersparen Sie sich hierdurch viel Zeit und vielleicht auch Ärger.

Darüber hinaus ist es aber ratsam, seine **Auto- und Sachversicherungen alle zwei Jahre durchrechnen und überprüfen** zu lassen.

Weshalb – darauf kommen wir in den nächsten beiden Kapiteln zu sprechen:

Einen **guten Berater** zeichnet meiner Meinung nach aus, dass er seine Kunden regelmäßig (einmal im Jahr oder spätestens alle zwei Jahre) kontaktiert und den Kunden hierbei unaufgefordert darüber informiert, wenn sich die

Preise für seine Sach- oder Autoversicherungen reduziert haben.

Da man als Versicherungsberater, teilweise auch aus den Beiträgen, welche die Kunden jedes Jahr bezahlen, ein Einkommen bezieht, verzichten viele Vertreter darauf solche **Einsparmöglichkeiten** aufzuzeigen.

Nun holen Sie sich ein anderes Angebot ein und stellen fest, dass dieses 20 oder 30% **günstiger** ist, als Ihre Prämie. Wenn Sie ihren Berater jetzt damit konfrontieren, kann es gut sein, dass er Ihnen ein Angebot vorlegt, das ebenso günstig ist, oder noch billiger.

Hier sollten Sie sich jetzt fragen, wie das kommt!? **Antwort**: Sie hätten diesen günstigeren Beitrag schon lange haben können, aber Ihr Berater hat Sie hierüber nicht informiert.

Was Sie nun davon halten, müssen Sie selbst entscheiden. Fair wäre wohl ein Wechsel der Versicherung (wenn der Bedarf gedeckt wird) und künftig einen regelmäßigen Kontakt zu vereinbaren, um über solche Beitragsabsenkungen direkt informiert zu werden.

3. Die Autoversicherung

In diesem und den folgenden Kapiteln möchte ich nur ganz kurz auf Dinge zu sprechen kommen, die ich als wichtig erachte, um festzustellen, ob eine Versicherung eher besser oder schlechter ist.

Hier gilt aber auch: jeder nach seiner Fasson und nach der Größe des Geldbeutels.

Aber: Es schenkt Ihnen niemand etwas. Gute Leistungen gibt es nur gegen gutes Geld.

Zurecht!

Zunächst einmal möchte ich darauf hinweisen, dass es sehr wichtig ist, dass man seine Auto- und Sachversicherungen so alle zwei Jahre mal überprüfen, sprich, neu durchrechnen lässt.

Da vor allem ein Auto stetig an Wert verliert, sinkt in den meisten Fällen auch der Beitrag für die Autoversicherung, wenn alle anderen Faktoren gleich bleiben. Was viele nicht wissen ist, dass hiervon auch die Teilkasko betroffen ist. Die maximale Entschädigung, die man nach einem Kaskoschaden von den meisten Gesellschaften erhält, ist der Wert des Autos am Tag des Unfalls / Schadens.

Haben Sie nun z. B. einen „Glasschaden" an einem Cabrio mit Stoffdach, so kann es sein, dass die Teilkasko diese Reparatur nicht vollständig zahlt, wenn der Wagen an diesem Tag weniger ist, als der Preis für die Reparaturkosten.

Nur wenn Sie ihren Autoversicherungsvertrag regelmäßig „neu" abschließen, wird der Wert ihres Fahrzeuges für die Prämie berücksichtigt.

Sprich: Wenn Sie ihre Autoversicherung seit 5 Jahren einfach laufen lassen, findet dieser Wertverlust des Autos meist keine Berücksichtigung bei der zu zahlenden Prämie. Darum sind viele Autoversicherungen auch plötzlich günstiger, wenn sie ihren Vertrag „verlängern" oder sich ein Angebot von einer anderen Versicherung einholen.

Achten Sie darauf, dass sie eine *„Fahrerversicherung"* in ihrer Absicherung mit eingeschlossen haben. Dies bedeutet, dass der Fahrer, auch wenn er alleine im Auto sitzt und einen Unfall verschuldet, wie ein Beifahrer behandelt wird, sprich, sämtliche Rechte hat und Entschädigungen erhält, als wäre er ein unschuldiger Beifahrer. Dies ist besonders für berufstätige Autofahrer wichtig.

Weiterhin habe ich immer wieder die Erfahrung gemacht, dass die Kunden zwar ihre „Prozente" kennen, aber nicht ihre „SF-Klasse"
SF= Schadenfreie Jahre

Diese Schadenfreien Jahre machen den Preis einer Versicherung aus. Nicht die Prozente. Deshalb wäre es viel, viel wichtiger sich die SF-Klasse zu merken und nicht, bei wie vielen Prozenten man steht. Soweit ich das weiß, kann jede Versicherung die Prozente an eine SF-Klasse koppeln, wie sie das möchte.

Im Klartext heißt das, dass 25% bei Versicherung X dasselbe bedeuten kann, wie 55% bei Versicherung Y, wenn Sie in beiden Fällen z. B. SF-Klasse 13 haben.

Zuletzt denken Sie unbedingt daran, den Fahrerkreis korrekt anzugeben! Wer das Auto nicht fahren darf (laut Police), darf das Auto **nie** fahren! Nicht mal eben kurz zum Bäcker, zum Zigaretten holen, oder sonst was. Einzige mir bekannte Ausnahme: wenn ein medizinischer Notfall vorliegt.

Weiterhin gilt auch bei der Autoversicherung, dass es bei größeren Preisunterschieden (über 10%) wohl offensichtlich oder im Kleingedruckten, größere Unterschiede bei den Leistungen gibt.

Bedenken Sie auch, dass, wenn Sie sich für eine günstige Kfz-Versicherung, über einen Direktversicherer (ohne Außendienstmitarbeiter) entscheiden, dass Ihnen dann im Schadenfall meist nur ein paar Fragebögen zum Beantworten geschickt werden, und dass alles, was Mal gesagt bzw. geschrieben worden ist, gilt. Eine nachträgliche Korrektur zu Ihren Gunsten ist meist nicht möglich. Könnte es sein, dass diese Versicherungen deshalb so preiswert sind?? ;-)

Gilt im Übrigen auch ganz besonders für Unfall- und Haftpflichtversicherungen.

Merke: Melden Sie einen Schaden **niemals** selbst bei der Versicherung. Rufen Sie ihren Berater an, lassen Sie ihn zu sich kommen und schildern Sie ihm den Vorfall / Hergang.

Die Übertragung der Schadenfreien Jahre auf die Kinder / Enkel:
Man kann immer nur so viele SF-Klassen übertragen bekommen, wie man Jahre den Führerschein hat!

Bsp: Opa hat SF-Klasse 35 und der Enkel ist 20 und hat seit dem 18.Lebensjahr den Führerschein. Dann kann er maximal 3 Schadenfreie Jahre übertragen bekommen. Die restlichen 32 Jahre verfallen. Daher SF-Klassen immer von Generation zu Generation nach unten übertragen.

4. Die Sachversicherungen

Die private Haftpflichtversicherung (PHV).

Ich möchte in diesen Sparten wirklich nur ganz kurz auf einige, wenige Dinge eingehen, die mir als wichtig erscheinen.

- Die **Versicherungssumme** kann gar nicht hoch genug sein. Auch wenn es auf den ersten Blick unlogisch erscheint, dass z. B. eine Summe von 5 Mio. Euro nicht ausreichen könnte, so zeigt die Realität trotzdem, dass es in krassen Ausnahmefällen dazu kommen kann, dass es so ist. Weiterhin ist es bei den meisten Gesellschaften so, dass an diese Versicherungssummen die Leistungssummen der sogenannten **Versicherungserweiterungen** gekoppelt sind. Allein schon deswegen sind Versicherungssummen von 15 Mio. oder höher sehr empfehlenswert.

-Achten Sie darauf, dass Ihre PHV eine **„Datenaustausch oder Internetnutzungsversicherung"** enthält. Diese ist wichtig, wenn Sie ein Smartphone ohne Virenschutz besitzen oder Kinder haben, die selbstständig im Internet unterwegs sind. Die Summe des hier gegebenen Schutzes kann ruhig bei 1 Mio. Euro oder höher liegen.

-Achten Sie darauf, ob Ihre PHV eine **Selbstbeteiligung** enthält, oder nicht. Die meisten sehr günstigen, aber dennoch leistungsstarken, Produkte haben eine Selbstbeteiligung zwischen 250 und 1000 Euro, was bedeutet, dass Schäden bis zu der genannten Höhe nicht vom Versicherer, sondern von Ihnen selbst gezahlt werden müssen. Auch bei Schäden, die über diesen Summen liegen, zahlen Sie die „Sb" selbst. Das kann man machen, sollte man dann aber im Schadenfall nicht vergessen ;-)

- Ansonsten achten Sie darauf, dass die Versicherungssumme für Personen- Sach- und Vermögensschäden ggf. verschieden hoch gesetzt sein können.

- Lesen Sie sich die **Versicherungserweiterungen** genau durch und fragen Sie ihren Berater bei Unklarheit, was ein Begriff bedeutet. Auch hierbei können Sie ganz einfach die Kompetenz dieser Person feststellen. Und machen Sie sich Notizen darüber, was geantwortet wurde, damit Sie, im Falle eines Irrtums, etwas in der Hand haben.

- Weiterhin sollte eine PHV eine sog. **Forderungsausfalldeckung** beinhalten. Diese greift, wenn Ihnen ein Haftpflichtschaden entsteht, der Schädiger aber keine PHV besitzt und kein Geld hat.

- Zum Preis würde ich meinen, dass eine gute Familienhaftpflichtversicherung ruhig über 10 Euro im Monat kosten darf (im Paket wird sie dann billiger).

Die Hausratversicherung (HV)

Dies ist eine Absicherung, welche die meisten Haushalte besitzen. Trotzdem gehört sie meiner Ansicht nach nicht zu den „must haves". Ich selbst hatte nie eine, da ich die 12 Euro, die sie mich gekostet hätte, zusätzlich in meine Unfallversicherung investiert habe, um hier einen besseren Schutz zu erhalten, wenn mir etwas wirklich Schlimmes passiert.

Trotzdem ist es natürlich nicht schlecht, wenn man eine besitzt, die ausreichend gestaltet ist und über aktuelle Bedingungen verfügt.

Hausrat ist alles, was aus ihrer Wohnung oder ihrem Haus herausfallen würde, wenn man ihr Wohngebäude umdreht und das Dach entfernt (einfach formuliert). Man geht hier von einer Summe von etwa 650€ / qm Wohnfläche, für einen durchschnittlich eingerichteten Haushalt, aus. So haben Sie also bei 100qm Wohnfläche eine Versicherungssumme von 65000€.

Ganz wichtig: Erkundigen Sie sich nach dem Begriff: **Unterversicherungsverzicht!**
Dieser ist bei der Hausrat und bei der Wohngebäudeversicherung wesentlich! Gerne können Sie diesen auch im Internet nachlesen.
Info: Er **sollte gegeben sein** und dies sollte auch so in Ihrer Police drin stehen.

- Lesen Sie auch hier unbedingt die **Versicherungserweiterungen** und achten Sie darauf, dass möglichst viele Punkte mit der **vollen Versicherungssumme** und nicht begrenzt versichert sind.
Wichtige Begriffe, für die das gelten sollte, sind:
- **Überspannungsschäden**
- **grobe Fahrlässigkeit**
- **Aufräum-, Schutz- und Bewegungskosten**
- **Schadenminderungskosten**

- Weiterhin sollten die **Lagerkosten** und die **Hotelkosten** möglichst **länger als 100 Tage** übernommen werden und die Hotelkosten bei etwa **100€ pro Tag** oder höher liegen.

Die Glasversicherung (GLV)

Über die Glasversicherung gibt es eigentlich nicht viel zu sagen. Versichert sind in der Regel alle glatten Glasflächen innerhalb ihrer Wohnung.

Sie gehört **nicht** zur Hausratversicherung dazu – sie ist ein **eigenständiger** Vertrag.

Sie sollte abgeschlossen werden, allein schon deswegen, weil sie so günstig ist und die anderen Versicherungen rabattiert (in den meisten Fällen). Somit sparen Sie den Beitrag dieser Versicherung allein schon durch die Beitragsreduzierungen der anderen Absicherungen in ihrem Paket.

Bei den meisten Versicherern zahlt sie auch bei selbst verursachten Schäden (im Gegensatz zur HV, WGV, PHV, Unfallversicherung).

Gemeinschaftsverglasungen sind extra zu versichern!

Hiermit können Sie ihren Berater auch wieder testen. Haben Sie z. B. ein 2-Familienhaus und vermieten die andere Wohnung, und gibt es z. B. im Treppenhaus ein Fenster, oder im Keller einen Wäscheraum mit Fenstern, so sind diese Glasscheiben weder in Ihrer Glasversicherung noch in der des Mieters versichert, da die

Glasversicherung nur die Glasflächen innerhalb der Wohnung absichert.

Ceranfelder u. ä. sollten in einer aktuellen Glasversicherung mitversichert sein – erkundigen Sie sich und lesen Sie es in den **Versicherungserweiterungen** nach.

Die Unfallversicherung (UV)

Diese Versicherung halte ich für eine der wichtigsten Absicherungen überhaupt. Leider sehen das viele Menschen total anders, weil man ja nichts zurück bekommt, wenn man keinen Unfall hat.

-Ein Unfall kann aber jeden treffen. Im Prinzip zu jeder Zeit, an jedem Ort.

-Schließen Sie eine Unfallversicherung ab!, und freuen Sie sich, wenn Sie sie niemals brauchen.

-Achten Sie beim Abschluss darauf, dass die Versicherungssummen so hoch wie möglich vereinbart werden („**Millionenpolice**" → Invaliditätssumme bei einem Invaliditätsgrad von 100% = **1 Million Euro**). Ich bin mir bewusst, dass die Unfallversicherung auch immer eine Frage des Geldbeutels ist, aber was ist wichtiger als ihr Körper? Was ist, wenn der Körper ausfällt?

-Im Zweifel können Sie auch eine Unfallrente zusätzlich oder alternativ zu einer hohen Einmalsumme abschließen.

-Melden Sie einen Unfall (wenn möglich) niemals selbst Ihrer Versicherung!! Tun Sie es zusammen mit Ihrem Berater.

-Achten Sie darauf, dass Ihr Versicherer keine Gesundheitsfragen zur Unfallversicherung stellt. Sollten Sie trotzdem eine UV mit

Gesundheitsfragen abschließen wollen, überlegen Sie sich dies gut, erkundigen Sie sich vor der Unterschrift über die Konsequenzen, wenn Sie die Gesundheitsfragen zusammen mit dem Antrag einreichen, oder schließen Sie die Absicherung bei einer anderen Gesellschaft ab.

-Haben Sie eine Unfallversicherung abgeschlossen, denken Sie daran, dass Sie jeden Berufswechsel melden müssen!

Die Wohngebäudeversicherung (WGV)

-Achten Sie darauf, dass Ihre Wohngebäudeversicherung (WGV) **immer den aktuellsten Versicherungsbedingungen** entspricht!

-Sollte Ihre WGV immer noch nach WERT1914 gestaltet sein, empfehle ich Ihnen eine Änderung nach dem QM-Modell.

Hierbei entscheiden die Quadratmeter Wohnfläche über den Preis der Versicherung und nicht die Ausstattung des Gebäudes.

-Entscheiden Sie sich bei der WGV **immer** für den besten und umfangreichsten Versicherungsschutz!, sonst kann es im Extremfall ein sehr böses Erwachen geben.

-Bedenken Sie, dass Sie ihre Hausrat-, Glas- und WGV immer bei derselben Versicherung abschließen sollten (hier geht es z. B. um die Frage: Besitzen Sie eine Einbauküche oder nicht). So ersparen Sie sich im Zweifelsfall viel Ärger.

-Achten Sie darauf, dass der **Unterversicherungsverzicht** gegeben ist und in der Police angegeben wird.

-**Hinweis**: In der Summe sollte die WGV mehr kosten, als die PHV, HV und GLV zusammen.

-Tragen Sie nur einen Versicherungsnehmer in die Police ein. Bei den

meisten Versicherern gibt es in den Versicherungserweiterungen Begrenzungen der allgemeinen Versicherungssumme.
Diese Begrenzungen gelten aber meist nur für den Versicherungsnehmer (VN).

Bsp.: -Ehemann ist VN
-Schäden aufgrund einer grob fahrlässigen Handlung sind bis 25.000€ versichert

Verursacht der Ehemann diesen Schaden, leistet der Versicherer maximal 25.000€ - auf ggf. entstandenen höheren Kosten bleibt der VN sitzen.
Hat nun aber die Ehefrau oder ein Kind einen solchen Schaden verursacht, sollte die Versicherung den Schaden im Rahmen der allgemeinen Versicherungssumme ersetzen, d. h., dass die 25.000€-Grenze hier nicht gilt!

Fragen Sie hierzu Ihren Versicherungsvertreter, um die genauen Regeln Ihres Versicherungsunternehmens zu erfahren (hoffentlich weiß er`s ;-))

5. Allgemeine Hinweise:

Nun noch einige allgemeine Hinweise:

-Was nicht in der Police angegeben ist, ist in der Regel auch nicht abgesichert. Sollten Sie hierzu Fragen haben, stellen Sie diese **vor** der Unterschrift.

-Meistens sind Verträge günstiger (ggf. bis zu 8 oder 10%) wenn Sie sie jährlich zahlen. Sollte Ihnen der Beitrag als Einmalbetrag zu hoch sein, wäre zu überlegen, ob sie den Beitrag nicht monatlich auf ein kostenloses „Sparbuch" überweisen und so etwas Beitrag sparen.

-**Melden Sie Schäden niemals selbst!** Immer den Berater kommen lassen und sich mit ihm absprechen.

-Sind Sie mit Ihrem Berater zufrieden, empfehlen Sie ihn an Ihre Freunde und Bekannten weiter (davon lebt der gute Berater). Eventuell fällt dann noch eine kleine Prämie für Sie ab.

-Sollte ein neuer Berater Ihren alten Versicherungsvertreter schlecht reden, so glauben Sie ihm nicht einfach so. Geben Sie ihrem bisherigen Vertreter die Möglichkeit sich zu erklären, ggf. auch von Angesicht zu Angesicht – Sie würden sich wundern, wie oft der „Neue" der Böse ist und nicht der „Alte".

-**Unterschreiben Sie nichts, was Sie nicht verstehen.**

-**Fragen Sie immer wieder nach**, wenn etwas unklar ist – **es geht um Ihr Geld und Ihre Absicherung.** Im Zweifel verstehen Sie es nicht richtig, weil Ihnen ihr Gegenüber es nicht gut genug erklärt (im Negativen „erklären will").

-**Bei guten Angeboten, vor allem im Anlage- oder Fondsbereich, fragen Sie Ihren Berater, ob er dasselbe Produkt auch abgeschlossen hat, und lassen Sie sich dies zeigen.**

Hat er es abgeschlossen ist alles gut, **wenn nicht, sollten Sie sich so Ihre Gedanken machen. Wenn er Ihnen einen Fonds anbietet und bei sich selbst damit nicht klarkommt, wie soll er Sie dann gut beraten?**

6. Die Lebens- und Rentenversicherungen

Die Berufsunfähigkeitsversicherung (BU)

Die BU ist eine der wichtigsten Säulen auf dem Weg in die Rente. Sie soll ihre Zahlungsfähigkeit aufrecht erhalten, wenn Sie aus gesundheitlichen Gründen nicht mehr arbeiten gehen können. Die Voraussetzungen berufsunfähig zu werden, erfragen Sie bei Ihrem Versicherer.

Eine gute BU bietet u. a. folgende Leistungen:
    -Sie erhalten die Rente sobald Sie ihre derzeitige Tätigkeit zu **weniger als 50% ausführen können** (bei 8Std. also 3Std. 59 Min)
    -Die Rente wird Ihnen bis zum Ende der Vertragsdauer weiter gezahlt, wenn Sie wieder arbeiten gehen können und in ihrem neuen Job weniger als 80% Ihres letzten Nettos vom alten Beruf verdienen (somit haben Sie in der Regel mehr Geld, was Sie aber auch ggf. benötigen, da Sie ja in irgendeiner Form Beschwerden haben, die eventuell behandelt werden müssen). Weiterhin haben Sie so die Möglichkeit nur noch halbtags oder in einer Dreiviertelstelle zu arbeiten.
    -Es gibt Nachversicherungsgarantien, die zeitlich sehr begrenzt gezogen werden müssen, aber eine Erhöhung der Rente ermöglichen, ohne erneute Gesundheitsprüfung.

Beachten Sie:

-Beantworten Sie **ALLE** Gesundheitsfragen **korrekt und vollständig!** **ALLE Fragen sind gleich wichtig!** Lesen Sie die Fragen selbst durch und beantworten sie. Sollte Ihnen jemand etwas anderes sagen, rufen Sie bei der entsprechenden Gesellschaft an und erkundigen Sie sich.

-Schließen Sie die Rente in einer sinnvollen (ausreichenden) Höhe ab.

-Beachten Sie, dass die Rente nicht komplett steuerfrei ist, die Steuer über die Freibeträge aber ggf. nicht zu entrichten ist.

-Wenden Sie sich im Falle eines Eintritts einer Berufsunfähigkeit unbedingt an Ihren Berater und gehen Sie mit ihm zusammen durch den Prozess (hiermit ist nicht ein Gerichtsverfahren gemeint).

-Schließen Sie zusätzlich zur BU **IMMER!!** eine **Krankentagegeldversicherung** ab. Diese hilft Ihnen auch die Berufsunfähigkeit durchzubekommen.

Sollten Sie an der Sinnhaftigkeit einer BU zweifeln, erkundigen Sie sich auf versicherungsfremden Seiten im Internet. Die Absicherung sollte **JEDER** haben!

Schließen Sie diese Versicherung so früh wie möglich ab. Am Besten schon während der Schulzeit. So ist der Beitrag am günstigsten und der Mensch noch am gesündesten.

Kapitallebensversicherung ←→ Rentenversicherung

Unter der Überschrift „Lebensversicherung" kennt die Versicherungsbranche im wesentlichen sechs verschiedene Versicherungssparten:

Kapitallebensversicherung, Risikolebensversicherung, die Rentenversicherungen, Bestattungsvorsorgeversicherungen, Pflegeversicherungen und Berufsunfähigkeitsversicherungen.

Man liest immer wieder, dass sich Lebensversicherungen nicht mehr lohnen. Dies meint genau genommen die Kapitallebensversicherungen (KLV). Warum ist das so?
Derzeit gibt es wenig Zinsen (garantiert 1,25% noch bis Ende 2016). Eine KLV besteht aus zwei Versicherungen in einem: Eine Risikolebensversicherung (RLV), die den Todesfallschutz ab dem ersten Tag der Laufzeit absichert und einer „Rentenversicherung" (RV), in der Sie ihren Beitrag ansparen. Was viele nun nicht sehen ist, dass sich ihr Beitrag z. B. 100€ / Monat auf die beiden Absicherungen aufteilt. Je nach Alter kann es z. B. sein, dass Sie 90€ in der RV ansparen und 10€ jeden Monat in die RLV einzahlen. Diese 10€ sparen sich aber nicht an, sodass Sie jeden Monat „nur" 90 statt 100€

ansparen und verzinsen. Sollten Sie eine Dynamik vereinbart haben, wird sich der Beitrag zur RLV jedes Jahr ein klein wenig erhöhen und der Beitrag für die RV jedes Jahr verringern. Irgendwann erreichen Sie dann einen Punkt, an dem die RLV so teuer wird, dass Sie trotz eines erhöhten Beitrags, jedes Jahr weniger ansparen.
Somit kann es sein, dass irgendwann nicht nur der Punkt erreicht ist, an dem sich die Dynamik nicht mehr lohnt, sondern auch weniger ausgezahlt wird, als Sie eingezahlt haben (brutto).

Rein rechnerisch ist dies vollkommen korrekt. Man sollte die Kunden halt nur drüber informieren.

Sollten Sie einen Todesfall absichern wollen / müssen, ist es in jedem Fall sinnvoller eine RLV abzuschließen, anstatt einer KLV. Ansparen können Sie ihr Geld dann in einer Rentenversicherung und haben so den Vorteil, dass die beiden Verträge verschiedene Laufzeiten haben können (z. B., wenn Sie bis 67 für die Rente ansparen wollen, den Kredit für ihr Haus aber nur bis zum 55. Lebensjahr absichern müssen). So sparen Sie Geld und sind flexibler, auch dann, wenn Sie unverhofft Geld brauchen.

Informieren Sie sich in diesem Zusammenhang für die neuen flexiblen Rentenversicherungen der 3.Schicht. Diese haben in der Regel ein „stornofreies" Entnahmerecht und keine feste Endlaufzeit mehr.

Fond oder festverzinslich

Die Fragen aller Fragen. Wie böse sind Fonds und wieso soll ich etwas Festverzinsliches abschließen, wenn ich keine Zinsen mehr bekomme?????

Dieses Feld kann man im Rahmen eines solchen Büchleins leider nicht mal ansatzweise zufriedenstellend beantworten. Trotzdem möchte ich ein paar kurze Meinungen zum Besten geben:

Fonds sind grundsätzlich gut und sollten besonders heutzutage den Vorzug vor festverzinslichen Produkten erhalten.

Im Rahmen von Versicherungsprodukten gibt es keine schlechten Fonds (sehr einfach formuliert). Im schlimmsten Fall gibt es nur einen schlechten Zeitpunkt, an dem man auf sein Geld zugreifen möchte / muss.

Dem können Sie aber entgegenwirken, indem Sie sich ihren Vertrag etwa 6-8 Jahre vor dem Ablauf von Ihrem Berater zeigen lassen und sich den Fondverlauf im Laufe der Jahre aufzeigen lassen. Fonds gehen entweder rauf oder runter. Steigt ihr Fond zu diesem Zeitpunkt, schichten Sie Ihr Guthaben in einen Fond um, der nur ganz wenig Plus oder Minus machen kann (diese Option gibt es bestimmt immer; erfragen Sie diese Möglichkeit aber vor Abschluss Ihrer Versicherung). Ist Ihr Fonds am Fallen, dann lassen Sie den Vertrag unverändert weiterlaufen, bis der Fonds wieder steigt. Dann schichten Sie um. Realistisch gesehen sollte das über einen Zeitraum von 6-8 Jahren vor dem Ablauf passieren. Garantieren kann dies natürlich niemand.

Beachten Sie auch: NIEMAND weiß (in diesem Beratungsrahmen), wie sich ein Fond entwickeln wird. Seien Sie vor Leuten auf der Hut, die Ihnen sagen, dass Sie es könnten (es sei denn, diese Menschen sind mit einem englischen Oberklassewagen mit Kühlerfigur bei Ihnen vorgefahren ;-)).

Wenn Sie Zweifel gegen Fonds hegen, lassen Sie sich von Ihrem Berater einfach die beiden Begriffe „**cost-average-effect**" und „**Perzentil**" erklären. Kann er es, ist alles gut und Sie können davon ausgehen, dass Ihr Brater sich mit der Thematik auseinandergesetzt hat (einfach formuliert). Kann er es aber nicht, seien Sie vorsichtig und lassen Sie sich ggf. anderweitig beraten.

Seien Sie auf der Hut, wenn man Ihnen ganz tolle Fondprodukte anbietet, die „nur für die Kunden" und nicht für die Mitarbeiter der Versicherung vorgehalten werden, oder der Berater sagt, dass dieses tolle Produkt für ihn

nichts ist. Wer will denn keinen großen Gewinn erzielen?
<u>Unterm Strich bleibt:</u>

Sollte Ihr Vertrag länger als 12 Jahre laufen, sollten sich Fondsprodukte besser entwickeln und eine höhere Rendite erzielen, als festverzinsliche Produkte, zumal der Garantiezinssatz wohl 2017 wieder abgesenkt werden soll.

Haben Sie im Zusammenhang mit Versicherungen keine Angst vor Fonds, welche eine Rentenversicherung verzinsen. Wir sprechen hier **nicht** von reinen Fonds, in die Sie einen Betrag für die Rente einzahlen. Dies ist etwas ganz anderes und ist hier **nicht** Thema!

Je kürzer die Laufzeit eines Vertrages wird, umso größer ist das Risiko, dass sich die Fondsversicherung nicht rechnet, aber wenn Sie den Zinssatz der festverzinslichen Versicherung gegenüberstellen ... . Letztlich ist auch dies **allein Ihre Verantwortung** und Ihre Sache. Ich rate nur: Haben Sie keine „Angst" vor Fonds.

7. Schlusswort:

Dem einen oder anderen wird dieses kleine Büchlein etwas geholfen haben, andere wiederum werden nun noch verwirrter sein und noch mehr Fragen haben, als zuvor. Es ist mit Absicht kurz und knapp gehalten.
Letztlich gibt es auch keine Musterlösung, die man Ihnen an die Hand geben kann.
Nehmen Sie sich die Zeit für **eine** ausführliche Beratung und lassen Sie sich eine Bedarfsanalyse erstellen (die ist bei den meisten Versicherungen sowieso immer kostenlos) und werden Sie vorsichtig bei Beratern, die ohne eine solche Analyse wissen, was Sie brauchen, wollen und bezahlen können.
Woher soll er das wissen?

Und vergessen Sie nie: Es geht hier immer nur um *Ihr Bestes* (für alle Seiten).

Ich wünsche Ihnen viel Erfolg und alles Gute in puncto Vorsorge und Absicherung.